Kathleen Lützner

WEIHNACHTS-STERNE

zauberhaft schön

CHRISTOPHORUS

Kathleen Lützner ist Leiterin von Kreativkursen und Autorin von Bastel- und Kochbüchern. Im Christophorus-Verlag hat sie bereits mehrere erfolgreiche Bücher veröffentlicht.

VORWORT

Sternenzauber

Die Weihnachtszeit ist eine der schönsten Zeiten im Jahr, auf die wir uns alle freuen. Und zu Weihnachten gehören Sterne einfach dazu! Sie sind traditionelle Weihnachtssymbole, die keinem Trend unterworfen sind: Mit ihrer charakteristischen Zackenform sind sie zeitlos schön.

Ich stelle Ihnen in meinem Buch eine Vielzahl von Variationsmöglichkeiten dieses Klassikers vor: Transparente Faltsterne, filigrane Sterne, Fröbelsterne, Hexentreppen-Sterne, genähte Sterne, Varianten des Herrenhuter Sterns und viele mehr. Sterne fürs Fenster, als Schmuck für den Weihnachtsbaum, als Geschenkaufleger, als Tischschmuck, als Tischlicht und Laterne. Flache und dreidimensionale, große und kleine, regelmäßige und unregelmäßige Sterne in traditionellen Weihnachtsfarben und in Trendfarben zeigen, wie breit gefächert das Thema ist. Eine Fundgrube für Sternenliebhaber und alle, die es werden wollen!

Schöne Bastelstunden und ein frohes Fest wünscht Ihnen

Ihre

FALT-STERNE

MATERIAL

- *Transparentpapier in Gelb, 15 x 15 cm, 8 Blatt*
- *Transparentpapier in Orange, 10 x 10 cm, 8 Blatt*
- *Karton für Schablonen*
- *Bleistift*
- *Geometrie-Dreieck*
- *Klebestift*
- *Schere*

VORLAGEN A1 – A2 *Seite 48, 49*

TIPP

Hier ist das Maß des größten abgebildeten Sterns angegeben. Varianten erhalten Sie, wenn Sie die Maße der Grundform im gleichen Verhältnis verkleinern oder vergrößern.

Drachenstern

1 Exakte Schablonen der Maße 15 x 15 cm und 10 x 10 cm aus Karton anfertigen.

2 Die größere Schablone auf gelbes, die kleinere auf orangefarbenes Transparentpapier legen. Die Umrisse mit einem weichen, spitzen Bleistift sorgfältig nachzeichnen und dann ausschneiden. Auf diese Weise jeweils acht deckungsgleiche Blätter zuschneiden.

3 Die Quadrate nach der Schritt-für-Schritt-Zeichnung auf Seite 48 präzise falten. Jede Falzkante mit dem Fingernagel glätten.

4 Die gelben Sternspitzen im Wechsel, mal von oben, mal von unten, anbringen. Dabei liegt die Kante der neuen Spitze genau auf der Mittellinie der vorhergehenden. Nach und nach entsteht ein Kreis, der sich beim letzten Blatt schließt.

5 Die orangefarbenen Spitzen auf den gelben Stern kleben.

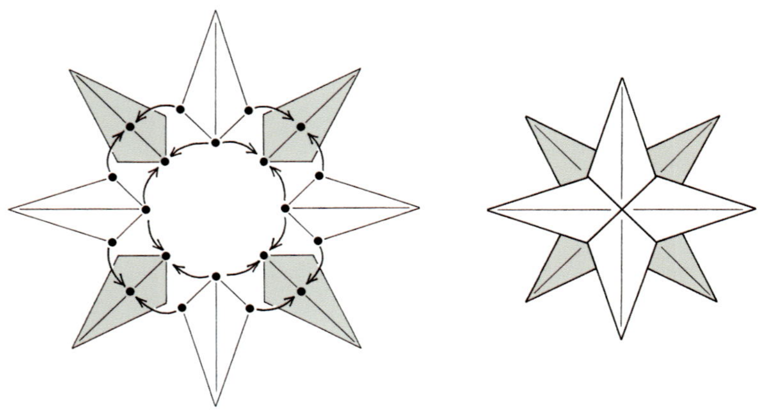

MATERIAL

- *Transparentpapier in Grün oder Blau, 10 x 10 cm, 16 Blatt*
- *Karton für Schablonen*
- *Bleistift*
- *Geometrie-Dreieck*
- *Klebestift*
- *Schere*

VORLAGE B *Seite 49*

HINWEIS

Transparentpapier, auch Drachenpapier genannt, wird im Fachhandel meist in Bogen oder Rollen angeboten. Vereinzelt gibt es auch quadratisch zugeschnittene Faltblätter.

Rautenstern

1 Eine exakte Kartonschablone von 10 x 10 cm anfertigen.

2 Die Umrisse der Schablone 16-mal auf grünes Transparentpapier übertragen und ausschneiden, dabei Bleistiftlinien möglichst wegschneiden.

3 Die Quadrate nach der Zeichnung von Seite 49 präzise falten, die Falzkanten jeweils mit dem Fingernagel glatt streichen.

4 Die fertigen Sternspitzen im Wechsel, mal von oben, mal von unten, aneinander kleben, bis sich der Kreis beim letzten Blatt schließt (siehe Zeichnung auf Seite 4).

FALTSCHNITT-STERNE

MATERIAL

- Transparentpapier in Gelb, Rot, Blau, 20 x 20 cm
- Karton für Schablonen
- Kohlepapier
- Bleistift
- Lineal, Geometrie-Dreieck
- Cutter mit Schneideunterlage oder kleine, spitze Schere

VORLAGEN C1 – C3 *Seite 50*

HINWEIS

Vorlagen übertragen:
Kohlepapier zwischen Vorlage und Werkmaterial legen und das Motiv mit einem spitzen, harten Bleistift durchpausen.

Schablonen herstellen:
Architektenpapier oder dünnes Offsetpapier auf die Vorlage legen und das Motiv exakt nachzeichnen. Alternativ die Vorlage fotokopieren. Zeichnung bzw. Kopie mit Klebestift flächig auf Karton kleben und ausschneiden. Die entstandene Schablone auf das Werkmaterial legen und die Umrisse mit Bleistift nachzeichnen.

Filigran & leicht

1 Ein 20 x 20 cm großes Quadrat aus farbigem Transparentpapier schneiden.

2 Das Blatt der Zeichnung entsprechend falten.

3 Nach der Vorlage jeweils eine Kartonschablone anfertigen (siehe Hinweis). Diese Schablone auf das gefaltete Transparentpapier legen und die Umrisse nachzeichnen.

4 Die Form ausschneiden und auseinander falten.

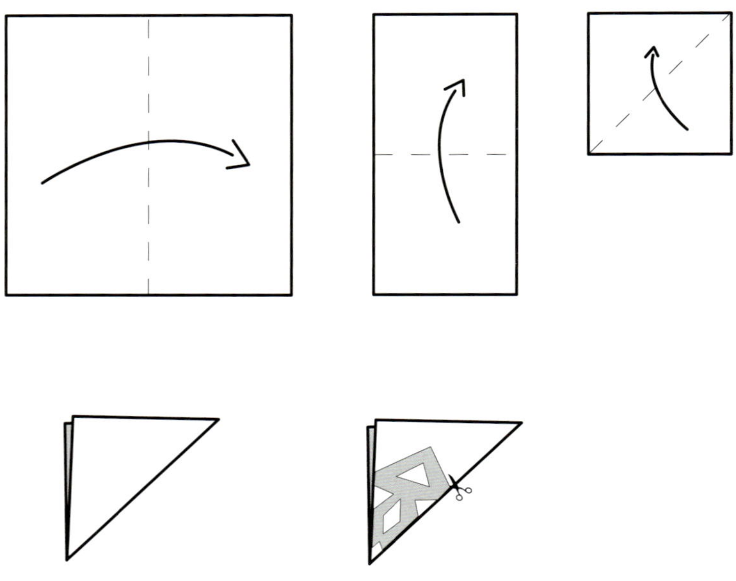

KONTUREN-STERNE

MATERIAL

- *Holografie-Karton „Sterne" in Gold, Silber*
- *Transparentpapier in Gelb, Blau*
- *Karton für Schablonen*
- *Kohlepapier*
- *Bleistift*
- *Lineal (am besten aus Metall)*
- *Cutter mit Schneideunterlage*
- *Klebstoff*

VORLAGEN D1 – D3 *Seite 50, 51*

Glitzernde Sterne

1 Die Sterne mit Hilfe von Kartonschablonen auf Holografie-Karton übertragen und ausschneiden (siehe Hinweis auf Seite 8). Tipp: Die geraden Kanten mit dem Cutter schneiden, das Messer dabei am Lineal entlangführen.

2 Transparentpapier auf die Sterne legen, die äußeren Konturen nachzeichnen und unterhalb der Bleistiftlinie ausschneiden. So wird der transparente Stern etwas kleiner als die Sternenform aus Holografie-Karton.

3 Vorder- und Rückseiten der Sterne deckungsgleich zusammenkleben und dabei das Transparentpapier jeweils einlegen.

4 Beim Stern in Silber-Blau einen zweiten kleineren Stern zentriert auf die transparente Innenfläche kleben. Die Rückseite ebenso gestalten.

Schwarz & bunt

MATERIAL

- Tonpapier in Schwarz
- Regenbogen-Transparentpapier
- Karton für Schablonen
- Kohlepapier
- Bleistift
- Lineal (am besten aus Metall)
- Cutter mit Schneideunterlage
- Klebstoff

VORLAGEN E1 – E3 *Seite 52*

Die Sterne nach der auf Seite 10 beschriebenen Arbeitsweise aus Tonpapier und Regenbogen-Transparentpapier anfertigen.

Silbersterne

MATERIAL

- Tonpapier in Silber
- Sternen-Transparentpapier in Weiß-Silber
- Karton für Schablonen
- Kohlepapier
- Bleistift
- Lineal (am besten aus Metall)
- Cutter mit Schneideunterlage
- Klebstoff

VORLAGEN F1 – F3 *Seite 53, 54*

Die Sterne wie auf Seite 10 beschrieben ausgestalten.

Sternschnuppe

MATERIAL

- *Tonpapier in Gelb*
- *Strohseide in Gelb*
- *Karton für Schablonen*
- *Bleistift*
- *Kohlepapier*
- *Lineal (am besten aus Metall)*
- *Cutter mit Schneideunterlage*
- *Klebstoff*

VORLAGEN G1 – G3 *Seite 55*

Die Sterne nach der auf Seite 10 beschriebenen Vorgehensweise ausgestalten.

Schneeflocken-Sterne

MATERIAL

- Fotokarton in Rot, Grün
- Tonpapier in Hellgrün, Silber
- Karton für Schablonen
- Bleistift
- Kohlepapier
- Lineal (am besten aus Metall)
- Cutter mit Schneideunterlage
- Klebstoff
- Motivlocher „Schneeflocke“, groß und mini

VORLAGEN H1 – H2 Seite 56

Die Sterne mit Hilfe von Schablonen (siehe Hinweis auf Seite 8) aus Fotokarton schneiden. Die Spitzen mit ausgestanzten Schneeflocken verzieren.

PLASTISCHE STERNE

MATERIAL

- *Sternen-Tonpapier in Weiß-Gold oder Rot-Gold*
- *Goldfaden*
- *Kohlepapier*
- *Bleistift*
- *Schere*
- *Lineal*
- *Falzbein*
- *Klebstoff*

VORLAGE I *Seite 56*

Mit Goldsternchen

1 Der Stern besteht aus vier Teilen, daher die Vorlage viermal auf Sternen-Tonpapier übertragen (siehe Hinweis auf Seite 8) und ausschneiden. Alle Faltlinien auf der Rückseite einzeichnen.

2 Ein Lineal an die Faltlinien legen und die Linien mit dem Falzbein oder der Scherenspitze leicht einritzen. Die Faltlinien der Abbildung entsprechend nach oben bzw. unten knicken.

3 Jeweils ein Teil der Vorder- und ein Teil der Rückseite zusammenkleben, dabei den Aufhängefaden an einer Spitze mit einkleben. Trocknen lassen.

4 Beide Hälften entlang der Mittellinie zu einem sechsstrahligen Stern zusammenfügen. Darauf achten, dass die Falzkanten exakt aufeinander liegen.

MATERIAL

- *Tonpapier in Rot, Gold*
- *Goldfaden*
- *Karton für Schablonen*
- *Kohlepapier*
- *Bleistift*
- *Schere*
- *Lineal*
- *Falzbein*
- *Klebstoff*

VORLAGEN J1 – J2 *Seite 57*

Spitzsterne

1 Die Sterne bestehen aus acht pyramidenförmigen Teilen, daher die Vorlage mit Hilfe einer Schablone achtmal auf Tonpapier übertragen (siehe Hinweis auf Seite 8) und ausschneiden. Die Faltlinien auf der Rückseite einzeichnen.

2 Ein Lineal an die Faltlinien legen und mit dem Falzbein oder der Scherenspitze leicht einritzen. Die Linien falten und alle Falzkanten mit dem Fingernagel glätten.

3 Jedes Teil zusammenkleben, den Aufhängefaden an einer Spitze mit einkleben. Trocknen lassen.

4 Jeweils vier Sternspitzen aneinander kleben und trocknen lassen. Beide Hälften entlang der Mittellinie zusammenfügen.

MATERIAL

Stern mit sechs Spitzen (oben)

- *Je 1 Tonpapierstreifen in Silber und Blau, 1 cm breit, 45 cm lang*
- *6 Tonpapierstreifen in Blau, 1 cm breit, 9 cm lang*
- *6 Tonpapierstreifen in Silber, 1 cm breit, 14 cm lang*
- *Motivlocher „Stern", klein*

Stern mit 18 Spitzen (Mitte)

- *Je 1 Tonpapierstreifen in Silber und Blau, 1 cm breit, 50 cm lang*
- *Je 9 Tonpapierstreifen in Silber und Blau, 1 cm breit, 8 cm lang*

Stern mit 14 Spitzen (unten)

- *2 Tonpapierstreifen in Blau, 1,5 cm breit, 50 cm lang*
- *7 Wellpappestreifen in Silber, 1,5 cm breit, 17 cm lang*
- *7 Tonpapierstreifen in Blau, 1,5 cm breit, 11 cm lang*
- *Motivlocher „Stern", groß*

Alle

- *Bleistift*
- *Lineal, Geometrie-Dreieck*
- *Klebstoff*
- *Silberkordel*

Hexentreppen-Sterne

1 Die Sternmitte jeweils aus zwei Streifen nach der als „Hexentreppe" bekannten Falttechnik falten (siehe Zeichnung).

2 Die beiden Enden der „Hexentreppe" zu einem Kreis zusammenkleben. Bitte beachten: Der obere Stern benötigt 12, der mittlere Stern 18 und der untere Stern 14 Faltfächer.

3 Für die Sternspitzen die übrigen Streifen aus Tonpapier oder Wellpappe jeweils in der Mitte falten und die Enden der Abbildung entsprechend in die Faltfächer der „Hexentreppe" einkleben.

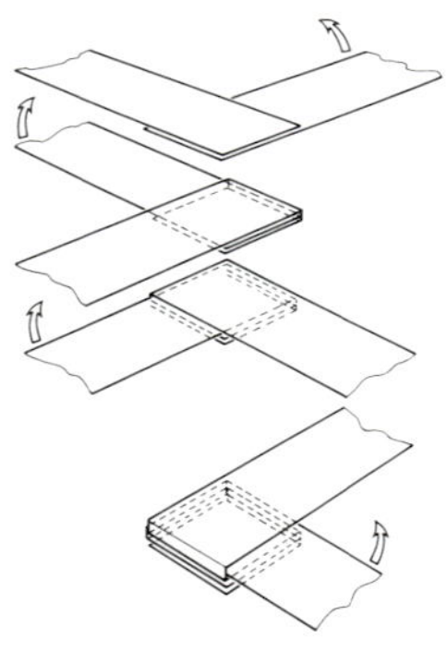

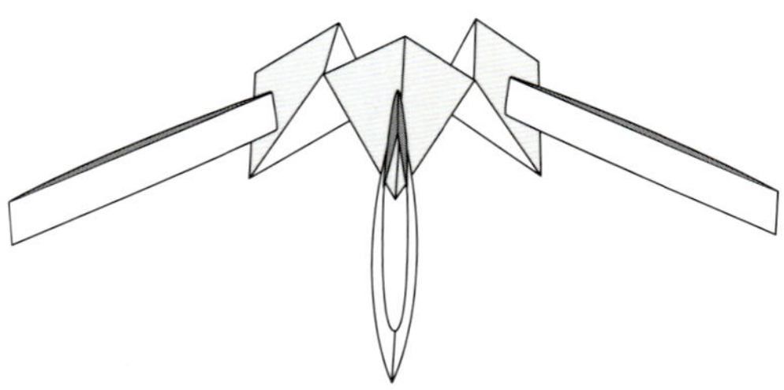

Rund & bunt

MATERIAL

Stern mit fünf Spitzen

- *Flechtstreifen aus Tonpapier, 1 cm breit (im Fachhandel): in Rot: 5 St. à 20 cm, 5 St. à 8 cm, 5 St. à 13 cm; in Grün: 5 St. à 13 cm*
- *Tonpapierrest in Gelb*

Stern mit sechs Spitzen

- *Flechtstreifen aus Tonpapier, 2 cm breit (im Fachhandel): in Gelb: 6 St. à 25 cm; in Rot: 6 St. à 6 cm, 6 St. à 14,5 cm; in Grün: 6 St. à 12,5 cm, 12 St. à 3,5 cm und 6 St. à 7 cm*

Beide

- *Bleistift*
- *Schere*
- *Klebstoff*

VORLAGEN K1 – K2 *Seite 57*

Für die Spitzen Flechtstreifen kreisförmig zusammenkleben, an einer Stelle bzw. an zwei Stellen knicken, anordnen und aneinander kleben. Weitere Streifen röhren-, herzen-, tropfen- oder v-förmig zusammenkleben und einfügen. Tipp: Damit gleich große Kreise oder gleichmäßige Rundungen entstehen, die Streifen um einen Bleistift wickeln.

MATERIAL

- *Tonpapier in Pink, Violett*
- *Aufhängefaden*
- *Karton für Schablonen*
- *Kohlepapier*
- *dünner Minen-Bleistift*
- *weicher Radiergummi*
- *Silhouettenschere*
- *Lineal*
- *Falzbein*
- *Klebstoff*
- *Motivlocher „Herz"*

VORLAGEN L1 – L2 *Seite 58*

Violett & Pink

1 Nach der Vorlage jeweils eine exakte Kartonschablone ohne seitlichen Klebesteg anfertigen (siehe Hinweis auf Seite 8).

2 Die Schablone zehnmal beim violetten Stern bzw. zwölfmal beim pinkfarbenen Stern nebeneinander und ohne Zwischenraum auf einen Tonpapierstreifen übertragen. An einer Seite einen schmalen Klebesteg anzeichnen.

3 Faltlinien leicht einzeichnen und mit dem Falzbein vorfalzen. Den Tonpapierstreifen wie eine Ziehharmonika falten.

4 Die Ausschnitte mit einer Silhouettenschere jeweils von der Bruchkante her ausführen.

5 Streifenanfang und -ende aneinander kleben. Die Spitzen nach außen legen, so dass sich die Falten der geraden Kante in der Mitte treffen. Die Mitte mit Klebstoff fixieren.

6 Eventuell eine kleine ausgeschnittene oder ausgestanzte Form auf den Mittelpunkt kleben und den Aufhängefaden anbringen.

Zierliche Sterne

MATERIAL

- *Tonpapier in Gelb, Gold, Pink, Blau oder Dunkelviolett*
- *Karton für Schablonen*
- *Kohlepapier*
- *dünner Minen-Bleistift*
- *weicher Radiergummi*
- *Silhouettenschere*
- *Lineal*
- *Falzbein*
- *Klebstoff*

VORLAGEN M1 – M3 *Seite 58*

Die Sterne nach der auf Seite 28 beschriebenen Technik anfertigen.

FOLIEN-STERNE

MATERIAL

- *Alu-Bastelfolie in Rot-Gold, z. B. mit Wellenprägung*
- *Aufhängefaden*
- *Karton für Schablonen*
- *Kohlepapier*
- *Bleistift*
- *Schere*
- *Klebstoff*

VORLAGEN N1 – N3 *Seite 58*

TIPP

Die Foliensterne wirken nicht nur als Anhänger am Weihnachtsbaum besonders schön. Ohne Aufhängefaden zieren sie auch jede Geschenkverpackung. Einfach mit gerolltem Klebefilm aufkleben, damit man sie unbeschädigt wieder ablösen kann.

Rot-Gold

1 Nach den Vorlagen Kartonschablonen anfertigen (siehe Hinweis auf Seite 8), achtmal auf Alu-Bastelfolie übertragen und ausschneiden.

2 Zwei Ecken mit Hilfe eines runden Bleistiftes zur Mitte hin rollen und tütenförmig zusammenkleben.

3 Die Sternspitzen um einen Mittelpunkt oder einen Kreis anordnen und aneinander kleben.

4 Die Aufhängeschlaufe in eine der Tütenspitzen kleben.

Sonnensterne

Abbildung & Materialangaben Seite 34/35

Die acht Strahlen eines Sonnensternes wie oben beschrieben mit Hilfe einer Kartonschablone anfertigen, um einen Mittelpunkt anordnen und aneinander kleben. Beim großen, blauen Stern zusätzlich vier kleine, goldfarbene Tütchen aufkleben. Aufhängefaden anbringen. Eventuell mit dem Bürolocher einen Punkt stanzen und auf die Mitte kleben.

Sonnensterne

MATERIAL

- Alu-Bastelfolie in Gold, Grün, Blau mit Sternchenprägung
- Aufhängefaden
- Karton für Schablonen
- Kohlepapier
- Bleistift
- Schere
- Bürolocher
- Klebstoff

VORLAGEN 01 – 02 *Seite 58*

ANLEITUNG *Seite 32*

FLECHT-STERNE

MATERIAL

- Flechtstreifen aus Tonpapier
- Schere

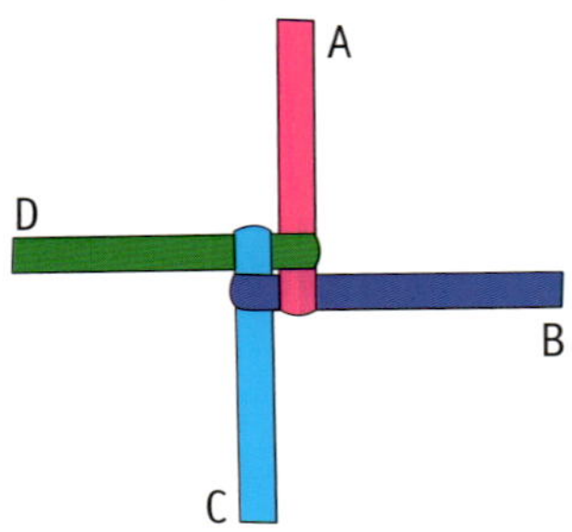

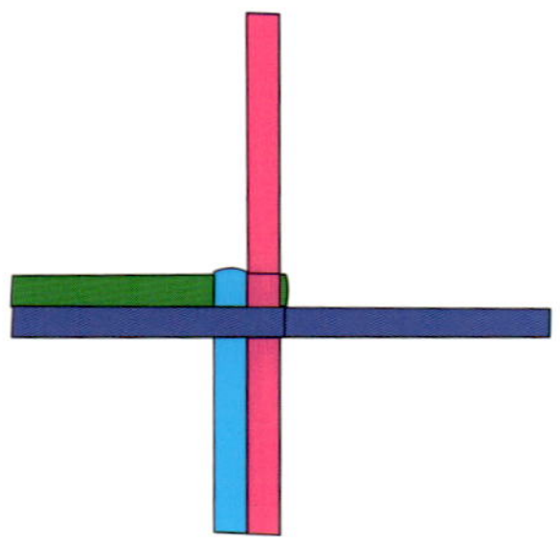

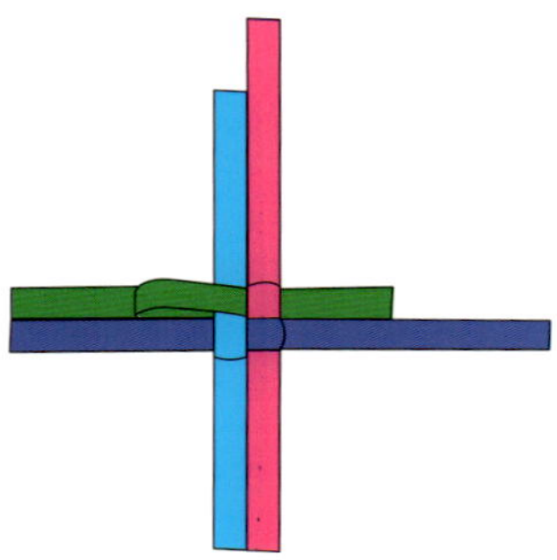

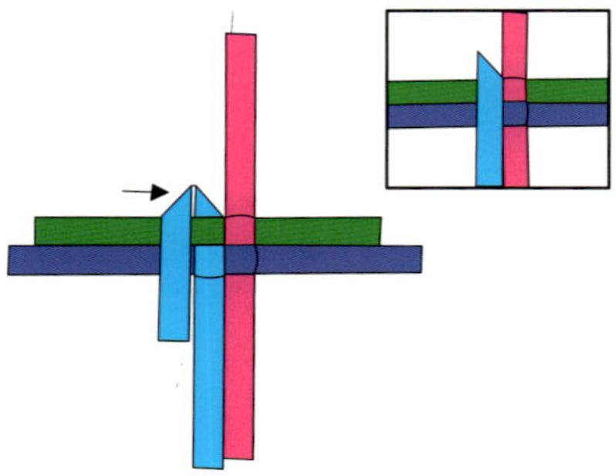

Fröbelsterne

Fröbelsterne werden aus vier gleich breiten Papierstreifen hergestellt. Es gibt flache und plastische Varianten. Für einen zweiseitig ausgearbeiteten Stern müssen diese Streifen 30-mal länger als breit sein, z. B. 1 cm breit und 30 cm lang. Im Handel sind 1 cm breite und 50 cm lange Flechtstreifen aus Tonpapier in zehn verschiedenen Farben erhältlich, sie müssen also nur noch entsprechend gekürzt werden.

1 Alle Streifen in der Mitte falten und die Enden schräg abschneiden, damit sie sich später besser durchstecken lassen. Die Streifen nach Abbildung 1 so ineinander stecken, dass auf Vorder- und Rückseite jeweils ein geflochtenes Quadrat entsteht. Tipp: Alle Streifen vorn bezeichnen.

2 Streifen A nach unten, Streifen B darüber nach links falten.

3 C nach oben klappen und D nach rechts falten, unter A durchstecken und festziehen.

4 C zunächst nach hinten links im Winkel von 45° falten und anschließend nach vorne. Streifen C nach rechts umklappen.

5 Das Ende des Streifens C unter den Querstreifen D stecken.

6 Die Arbeit im Gegenuhrzeigersinn drehen und mit Streifen D, A und B wie bei Schritt 4 und 5 verfahren. Es entsteht ein Stern mit 4 Spitzen.

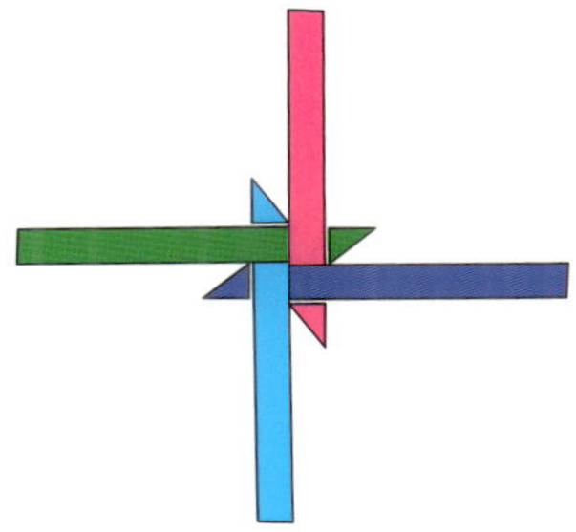

7 Den Stern wenden und die Schritte 4 bis 6 wiederholen, bis ein Stern mit acht Spitzen entsteht. Den Stern erneut wenden.

8 Den oben rechts liegenden Streifen A mit der rechten Hand anheben und im Uhrzeigersinn drehen, bis seine Rückseite nach oben zeigt: Es entsteht eine kleine Tüte. Den Streifen weiterdrehen, so dass die Vorderseite wieder sichtbar wird.
Mit der linken Hand den Streifen B zur Seite klappen und A in die sichtbar werdende Öffnung stecken. A kommt zwischen der gefalteten Sternspitze links wieder heraus. Streifen festziehen, dabei entsteht eine tütenförmige Sternspitze. Die übrigen Streifen im Uhrzeigersinn, auch auf der Rückseite, genauso verarbeiten.

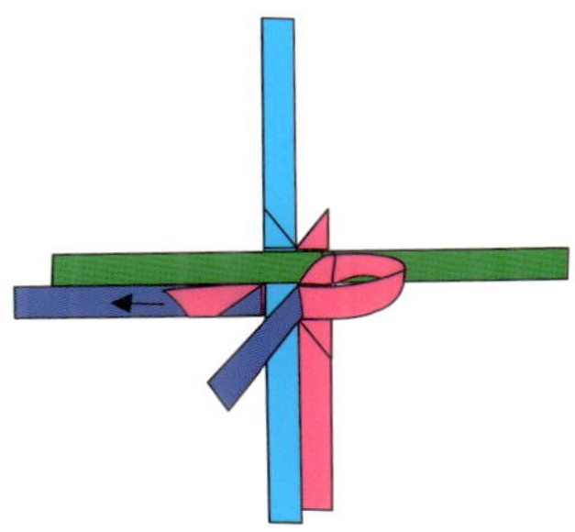

9 Streifenspitzen bündig abschneiden.

Baumschmuck

MATERIAL

- Flechtstreifen aus Tonpapier
- Schere
- Goldfaden

ANLEITUNG *Seite 36*

GENÄHTE STERNE

MATERIAL

- *Tonpapier oder Tonkarton in Gold, Silber*
- *Nähgarn in Gelb, Weiß*
- *Karton für Schablonen*
- *Kohlepapier*
- *Bleistift*
- *Schere*
- *Falzbein*
- *Klebstoff*
- *Motivlocher „Stern", klein*
- *Nähmaschine*

VORLAGEN P1 – P3 *Seite 59*

Gold & Silber

1 Die Nähmaschine auf einen mittleren, geraden Stich einstellen und farblich passendes Nähgarn einfädeln.

2 Ober- und Unterfaden ca. 10 bis 15 cm nach hinten ziehen. Beide Fäden werden später zum Aufhängen benötigt.

3 Die Sterne mit einer Kartonschablone jeweils zweifach auf Tonpapier oder Tonkarton übertragen und ausschneiden (siehe Hinweis auf Seite 8). Die Naht entlang der Mittellinie mit Bleistift anzeichnen bzw. bei Tonkarton mit dem Falzbein nachziehen.

4 Beide Lagen aufeinander legen und entlang der vorgezeichneten Linie nähen. Tipp: Die Einstellung der Nähmaschine vorher an Reststücken kontrollieren.

5 Fadenenden abschneiden und verknoten.

6 Eventuell Dekoteile wie gestanzte Sterne oder aus Tonpapier geschnittene Formen anbringen. Die Aufhängefäden verknoten.

TIPP

Tonpapier und leichter Tonkarton eignen sich sehr gut für diese Sterne. Bei Tonpapier können bis zu vier und bei Tonkarton bis zu zwei Lagen problemlos zusammengenäht werden.

Blau & Rot

MATERIAL

- Tonpapier oder Primavera-Papier in Blau, Rot
- Tonpapierreste in Weiß
- Farblich passendes Nähgarn
- Karton für Schablonen
- Kohlepapier
- Bleistift
- Lineal (am besten aus Metall)
- Cutter und Schneideunterlage
- Klebstoff
- Motivlocher „Stern“, klein
- Nähmaschine

VORLAGEN Q1 – Q4 Seite 60, 61

Die Sterne nach der Anleitung von Seite 40 ausschneiden und mit der Nähmaschine zusammennähen.

MATERIAL

Laterne

- *Alu-Karton mit Sternchenprägung in Rot*
- *Transparentpapier in Weiß oder Gelb*
- *Falzbein*
- *Lineal*
- *Motivlocher „Stern“, groß*

Sterne

- *Alu-Karton mit Sternchenprägung in zwei Farben, z. B. in Silber und Gold oder in Gold und Rot*
- *für jeden Stern 2 Goldperlen*
- *Goldfaden zum Aufhängen*

Alle

- *Bleistift*
- *Kohlepapier*
- *Karton für Schablonen*
- *Klebstoff*

VORLAGEN R1 – R2 *Seite 62, 63*

Glanzlichter

Tischlaterne

1 Die Laternenform mit Hilfe von Kohlepapier und Bleistift auf Karton pausen und ausschneiden. Die Umrisse dieser Schablone auf Alu-Karton übertragen und ausschneiden.

2 Ein Lineal an die Faltlinien legen und die Linien mit dem Falzbein oder mit der Scherenspitze nachziehen. So wird die Linie leicht eingeritzt und beim Falten ergibt sich eine saubere Kante.

3 Die Ausschnitte der Laterne mit Transparentpapier hinterkleben und mit ausgestanzten Sternchen verzieren.

Baumschmuck

1 Die Sterne nach der Vorlage ausschneiden.

2 Die beiden kleineren Sterne versetzt auf die Vorder- bzw. Rückseite des großen Stern kleben und dabei den Aufhängefaden mit einlegen.

3 Die Sternmitte jeweils mit einer Goldperle verzieren.

MATERIAL

- Tonpapier in Rot, Gelb, Grün
- Karton für Schablonen
- Kohlepapier
- Bleistift
- Silhouettenschere
- Falzbein
- Lineal
- Klebstoff
- Lochzange oder Bürolocher

VORLAGEN S1 – S3 *Seite 63*

Weihnachtssterne

Deko-Sterne

1 Nach der Vorlage jeweils eine Kartonschablone anfertigen (siehe Hinweis auf Seite 8).

2 Die Schablone so oft wie angegeben nebeneinander und ohne Zwischenraum auf einen Tonpapierstreifen übertragen. An einer Seite einen schmalen Klebesteg anzeichnen.

3 Faltlinien leicht einzeichnen und mit dem Falzbein vorfalzen. Den Tonpapierstreifen wie eine Ziehharmonika falten.

4 Streifenanfang und -ende aneinander kleben. Die Spitzen nach außen legen, so dass sich die Falten der geraden Kante in der Mitte treffen. Die Mitte mit Klebstoff fixieren.

5 Den roten bzw. den gelben Kranz auf den Blätterkranz kleben. Drei Punkte mit einer Lochzange stanzen und aufkleben.

Teelicht-Kränzchen

Den roten Blütenkranz wie oben beschrieben ausarbeiten, nur in der Mitte Platz für ein Teelicht lassen. Die grünen Blätter ausschneiden, in der Mitte falten und zwischen die Blüten kleben.

VORLAGEN

A1

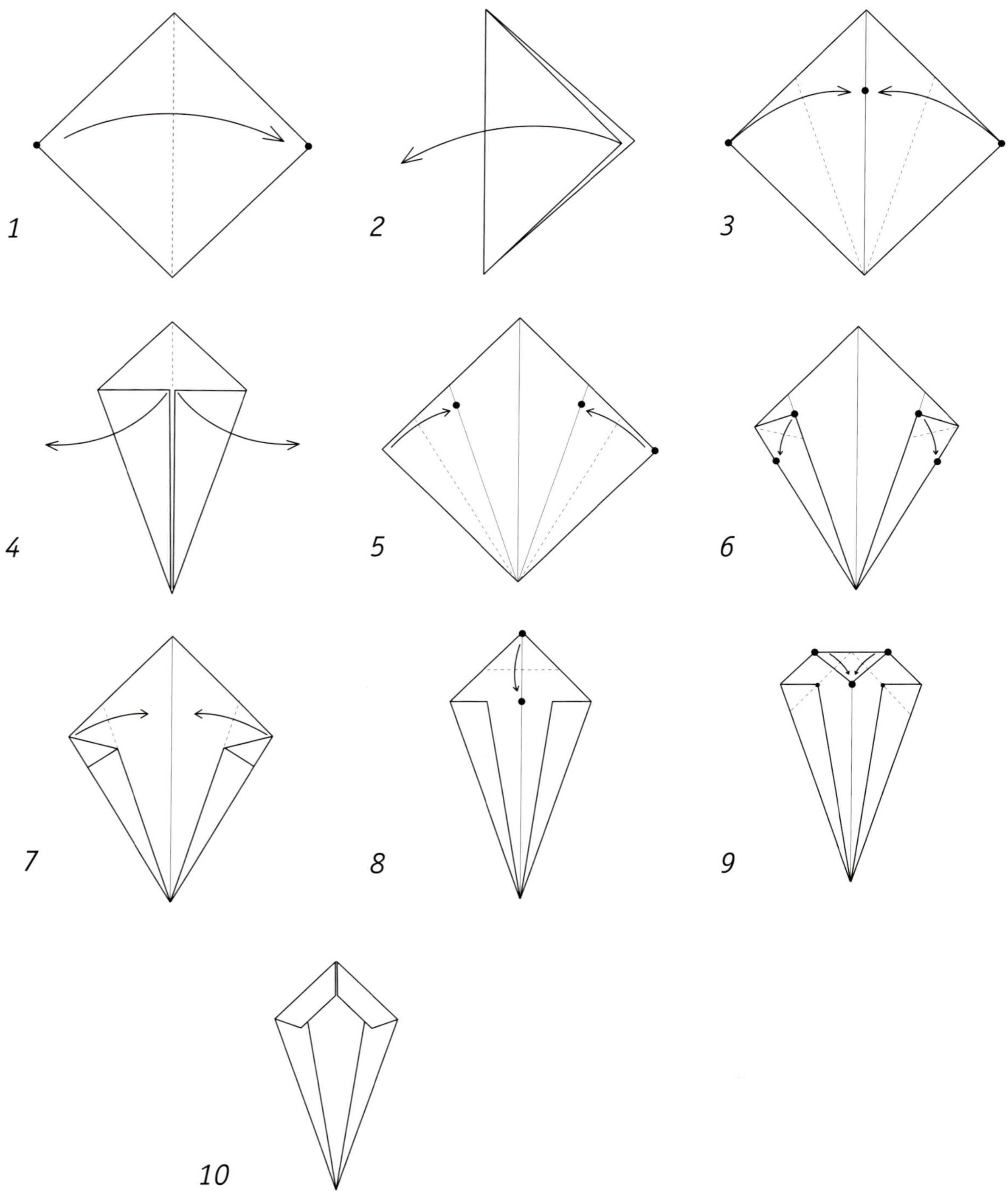

A2

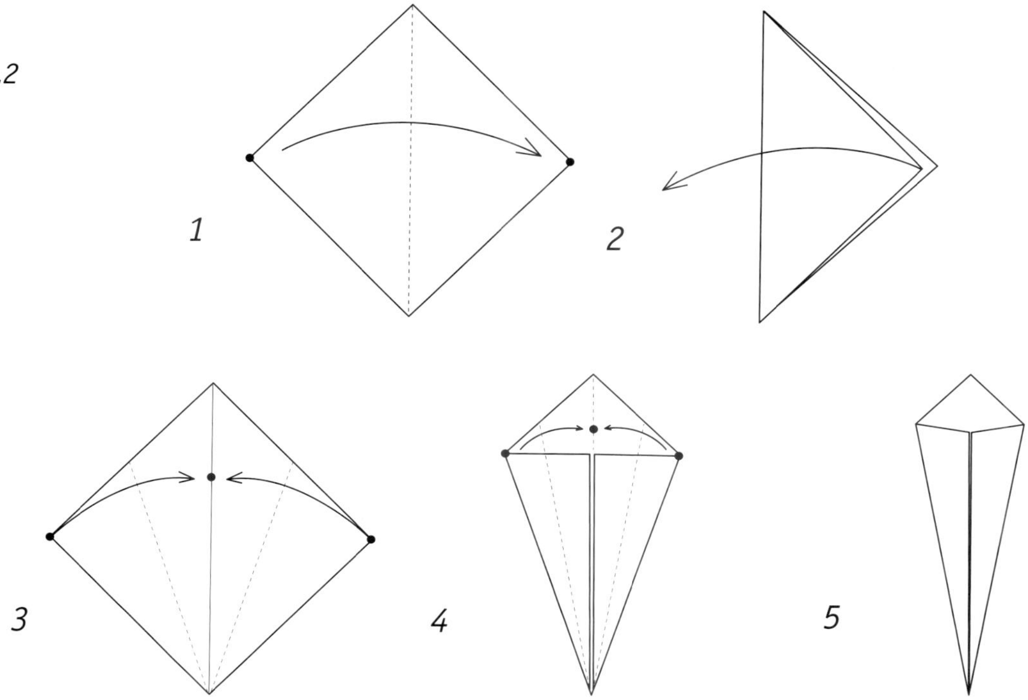

B

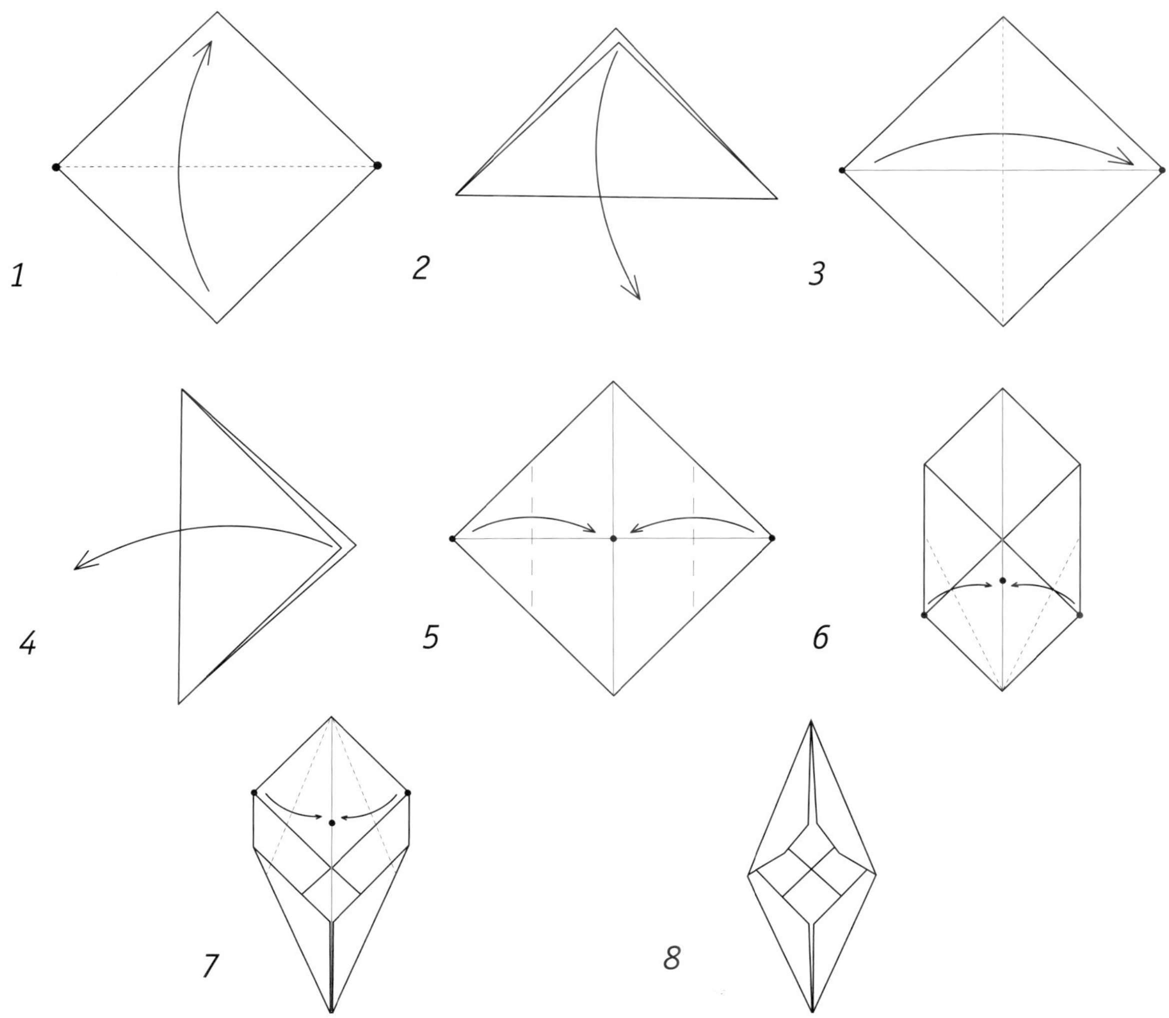

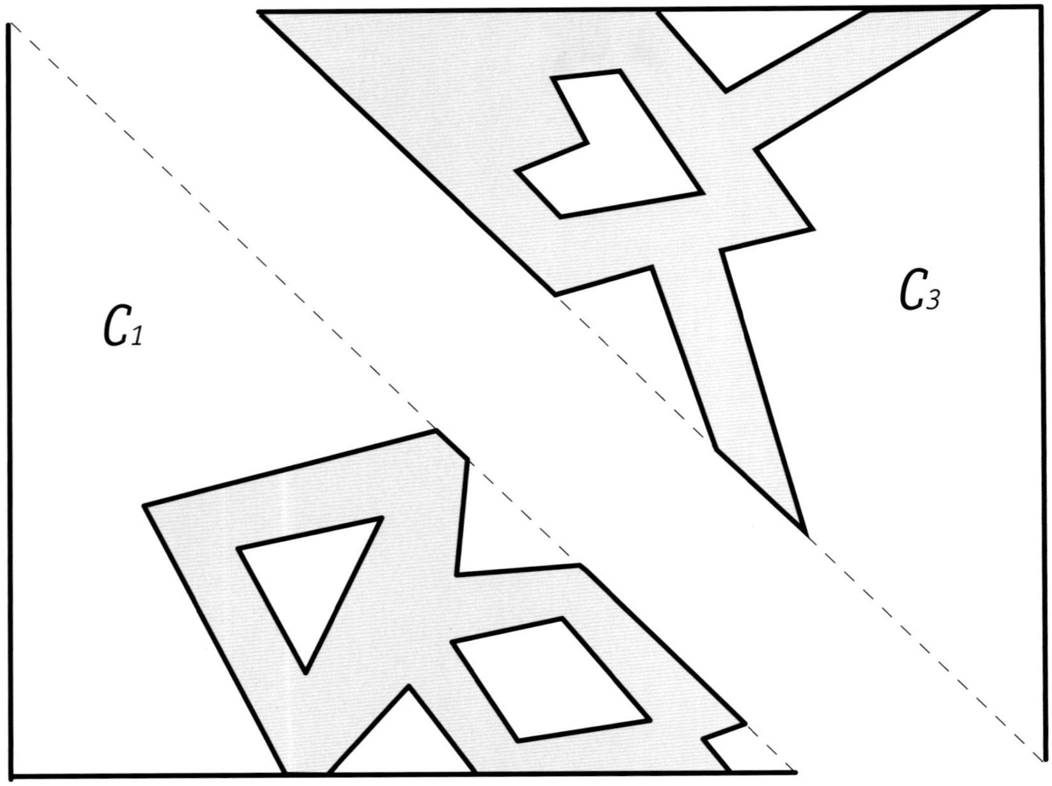
C1
C3

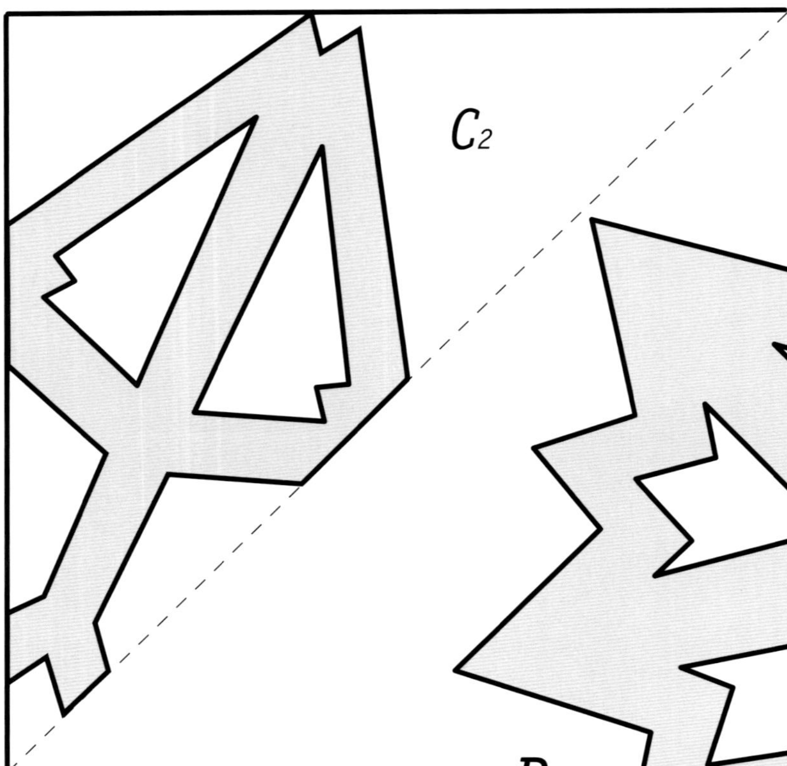
C2

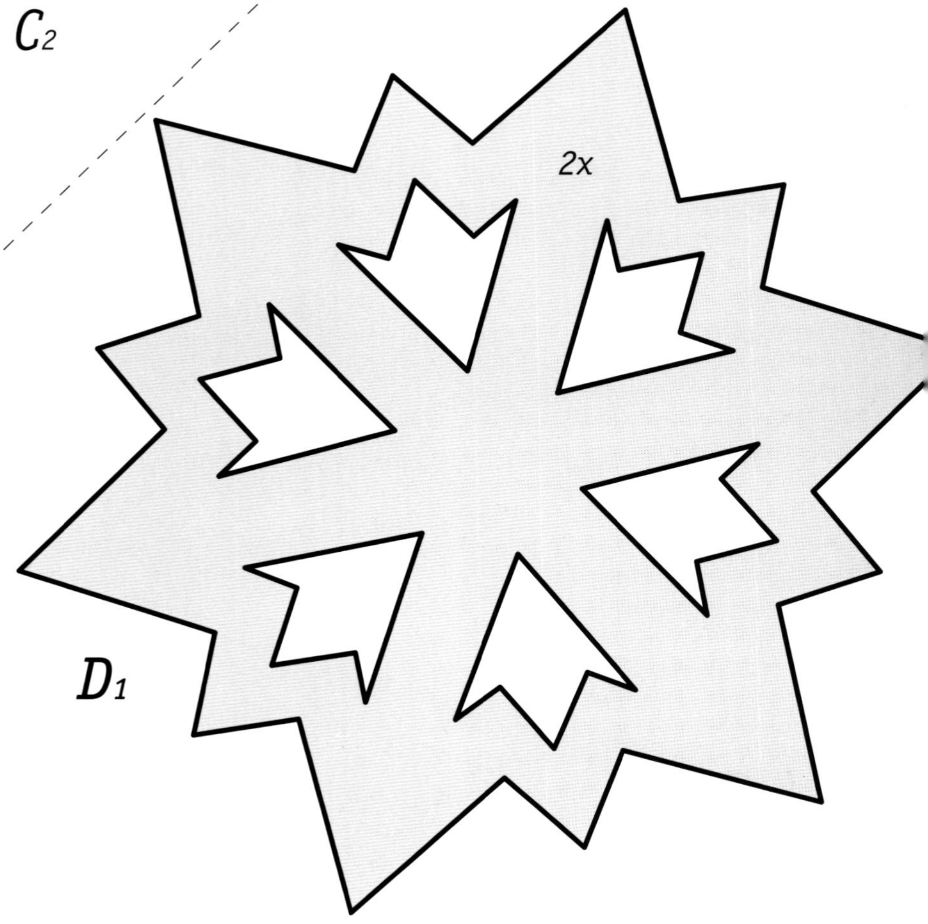
2x
D1

ausschneiden

aufkleben

D2

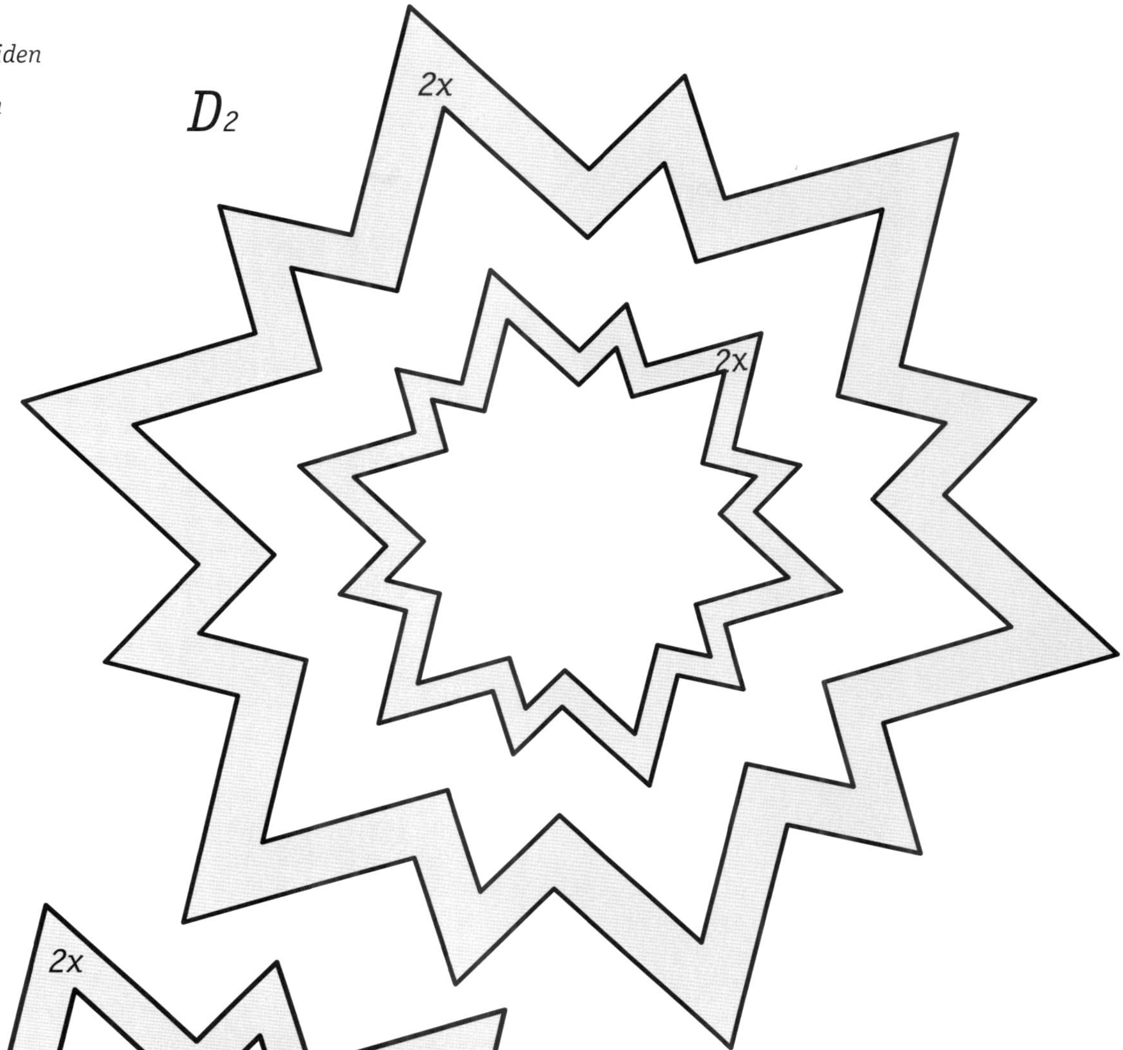

D3

E1

E2

E3

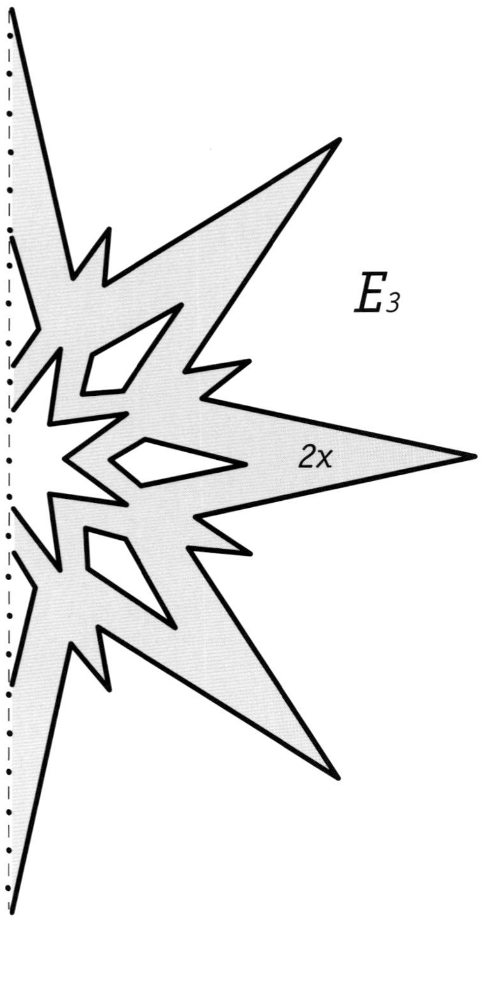

F1

F_2

F_3

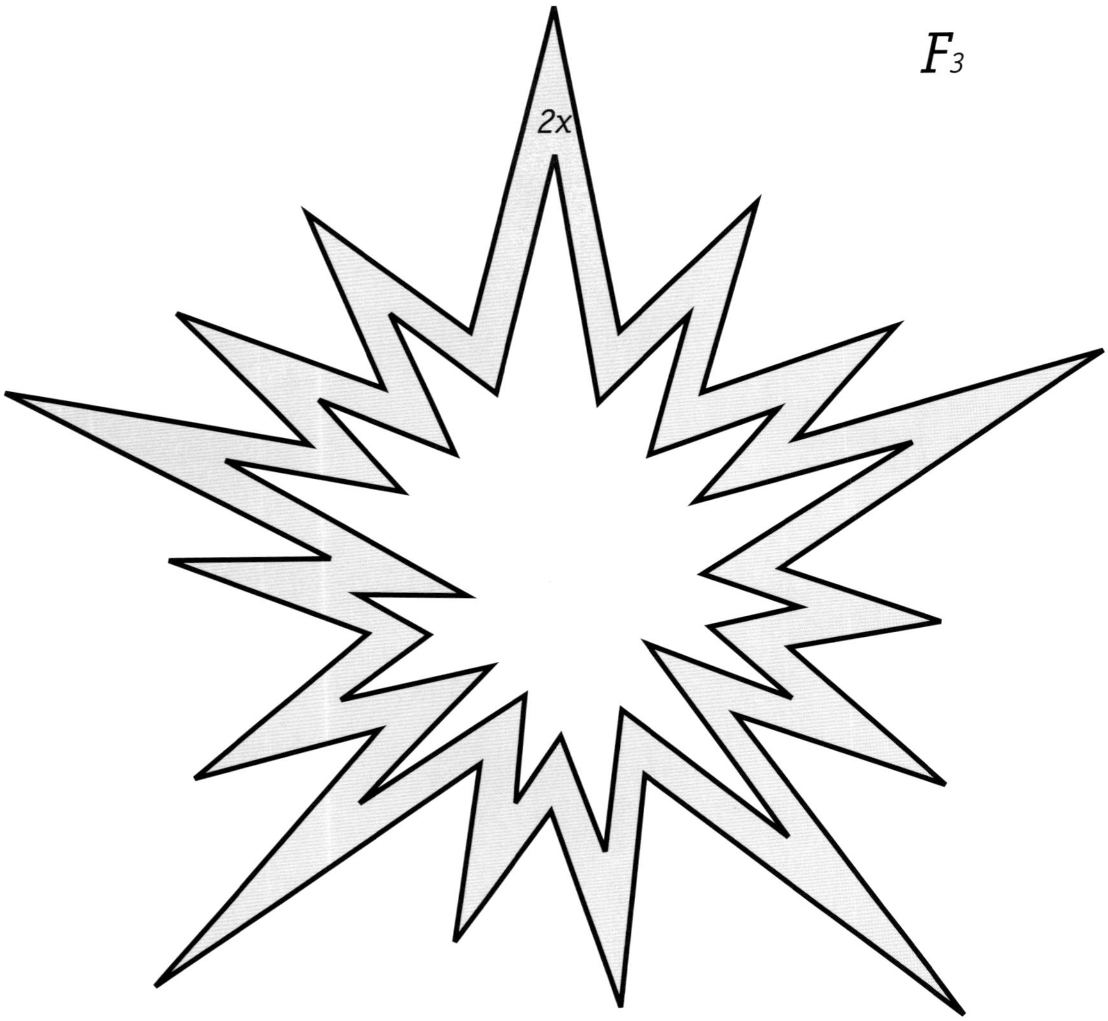

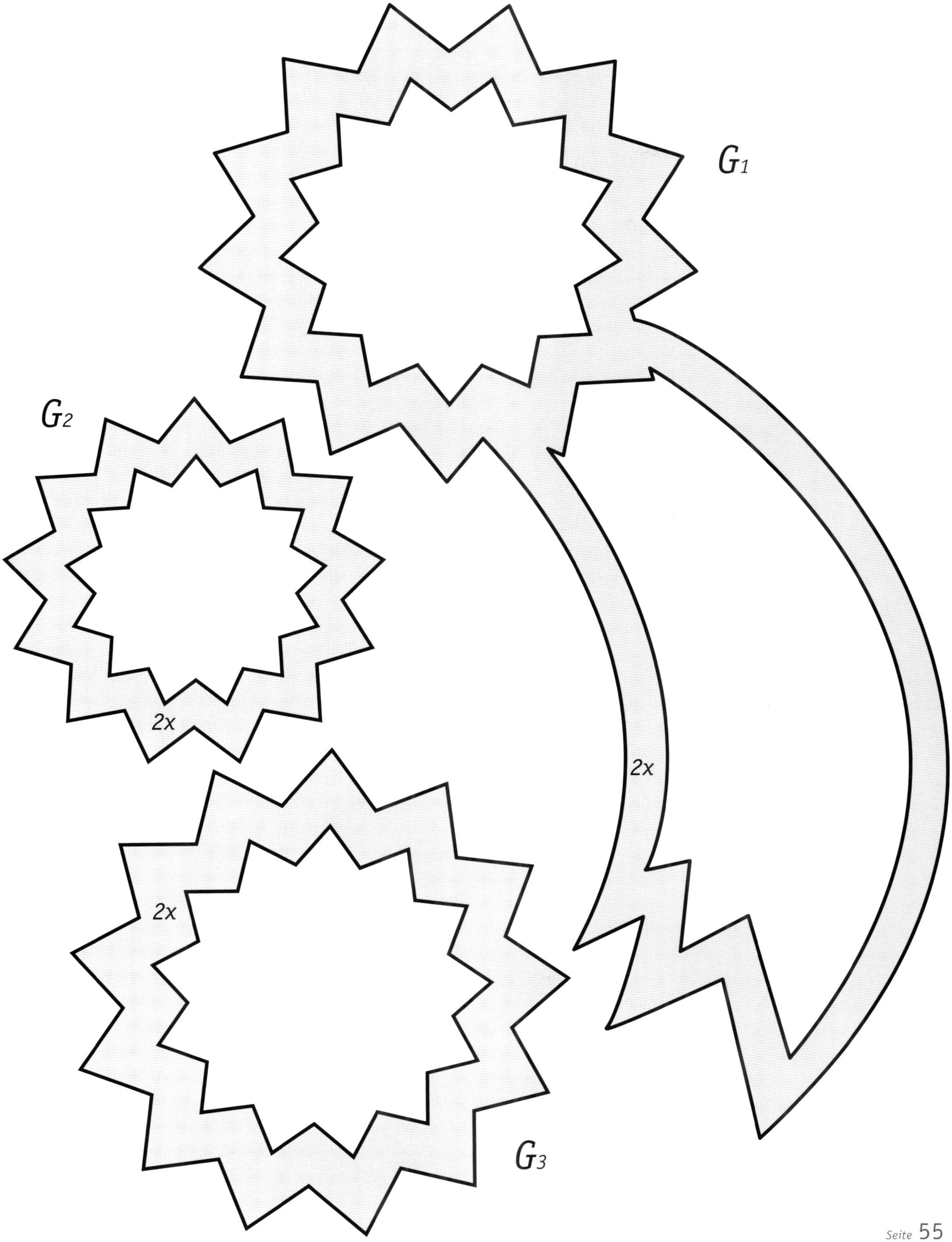
G1
G2
2x
2x
2x
G3

H1

H2

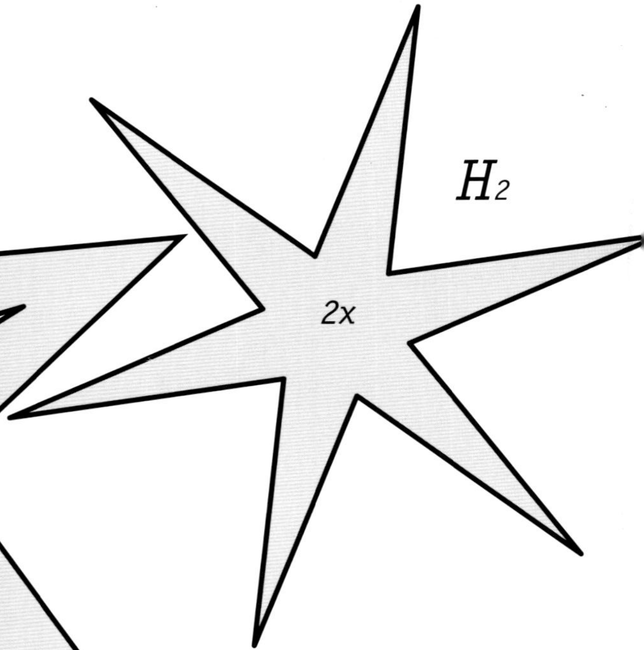

I

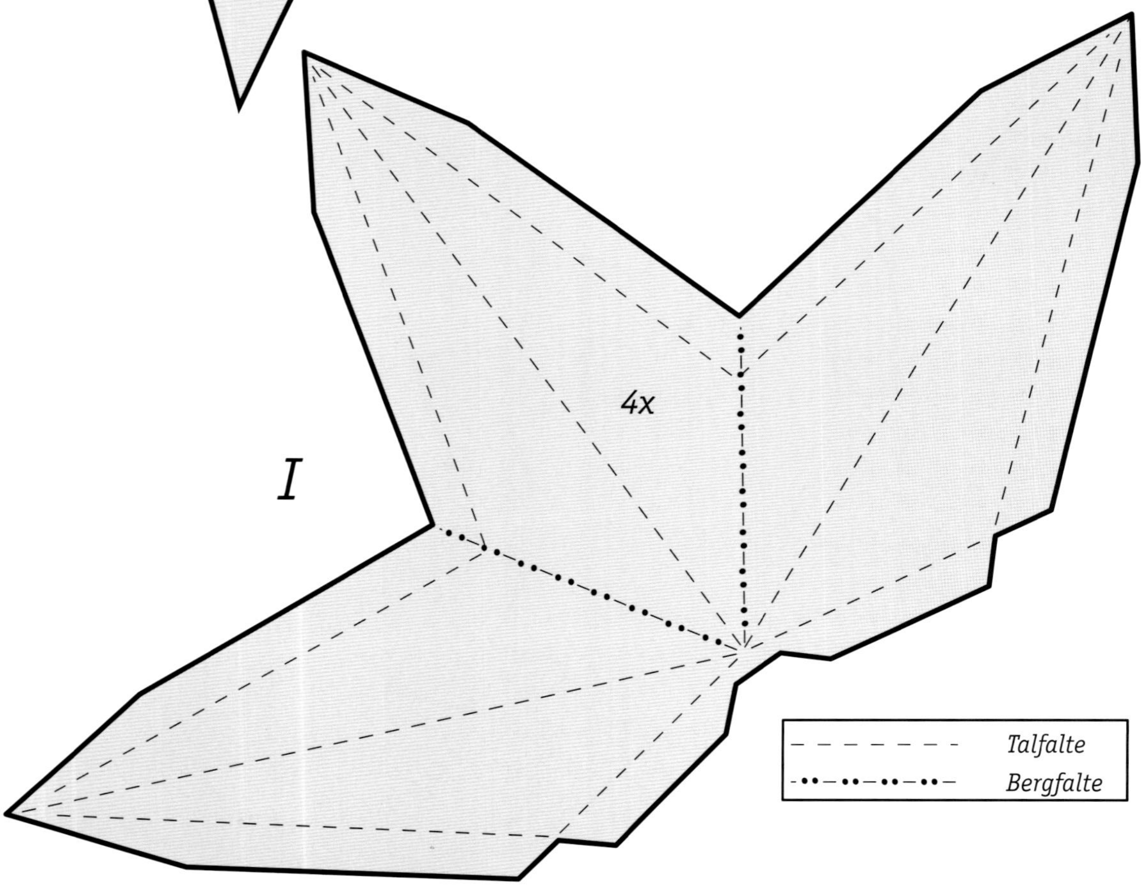

J1

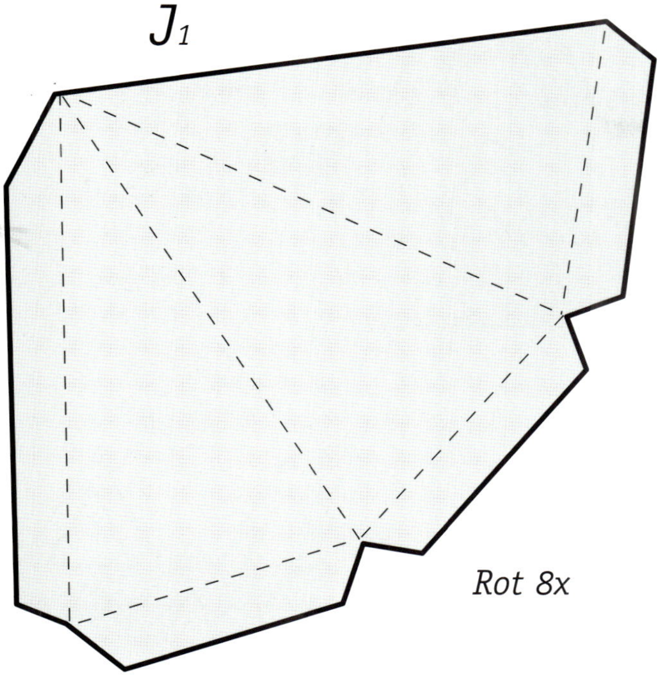

Rot 8x

J2

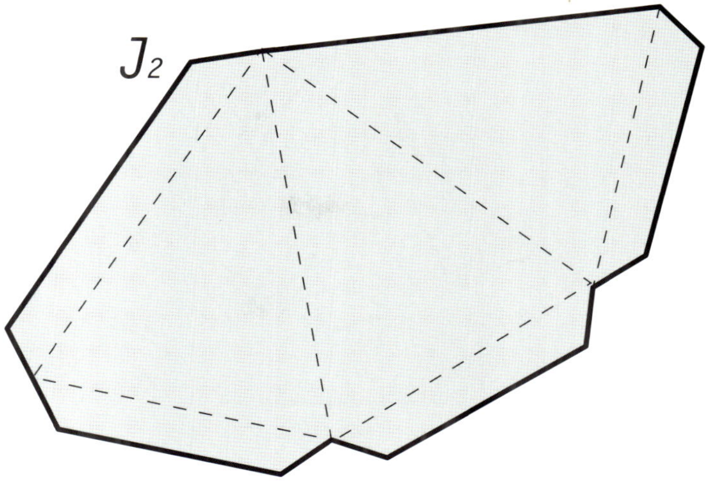

Gold 8x

K1

Rot 1: 20 cm
Rot 2: 13 cm
Rot 3: 8 cm
Grün: 13 cm
Gelb: 2,3 cm ø

K2

Rot 1: 14,5 cm
Rot 2: 6 cm
Grün 1: 12,5 cm
Grün 2: 7 cm
Grün 3: 3,5 cm
Gelb: 25 cm

L_1

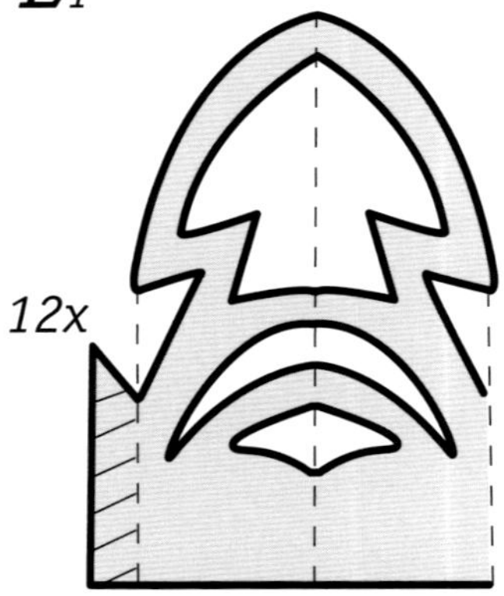

L_2

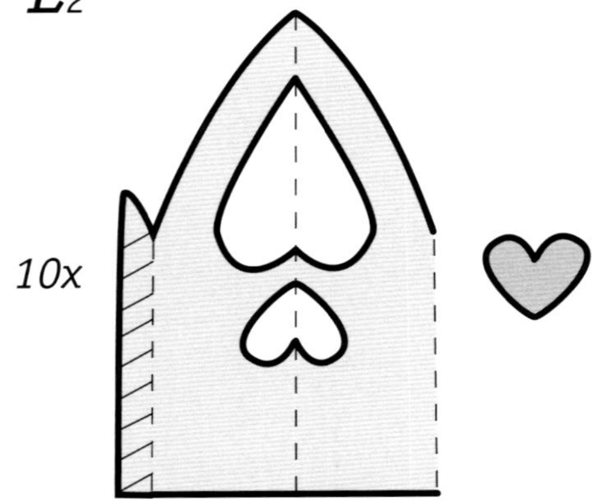

M_1

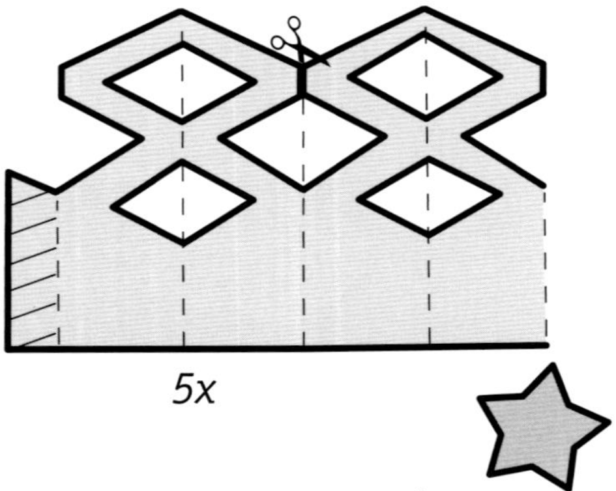

M_2

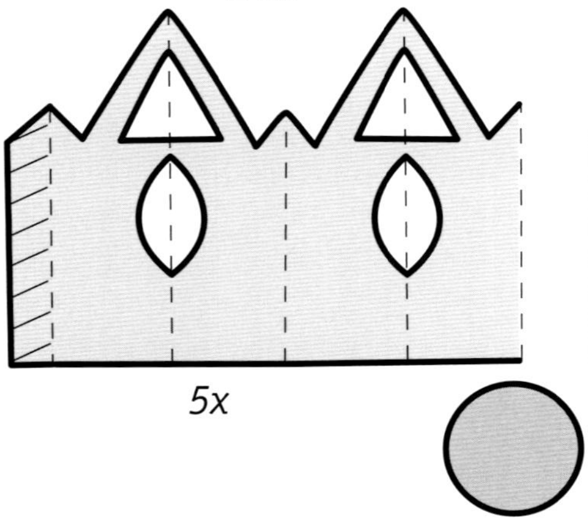

M_3

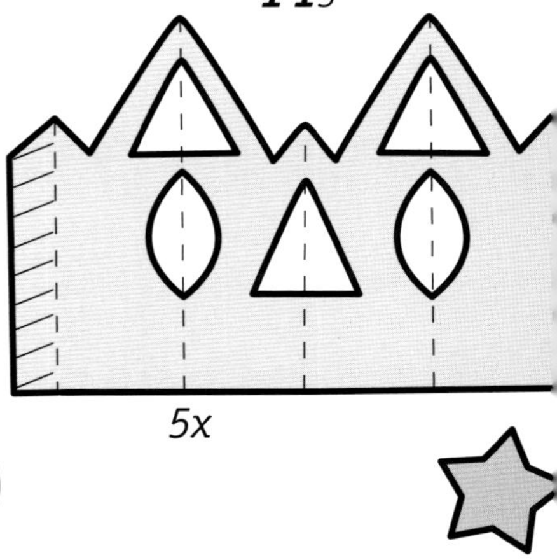

N_1

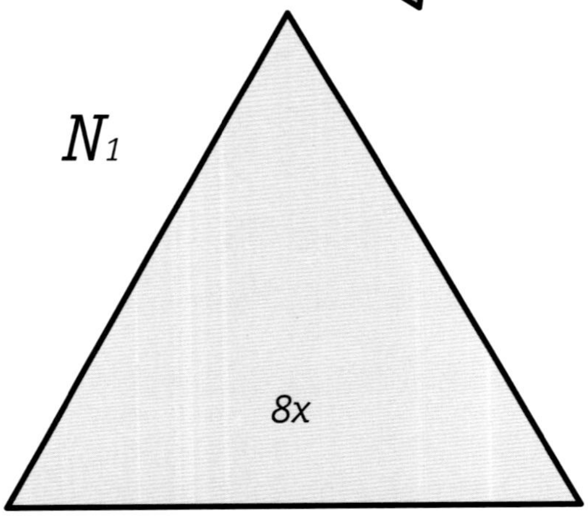

N_2

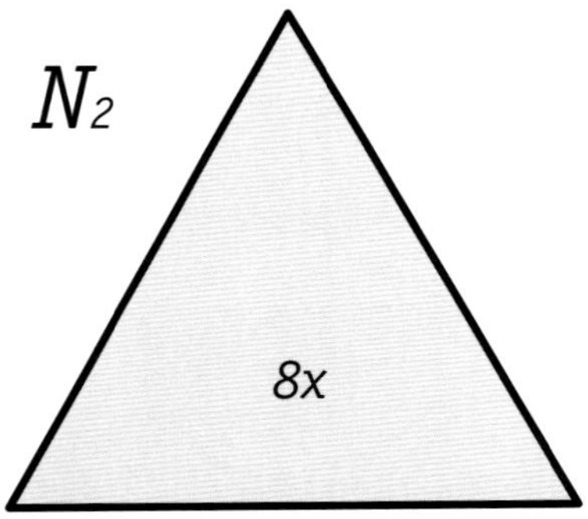

N_3

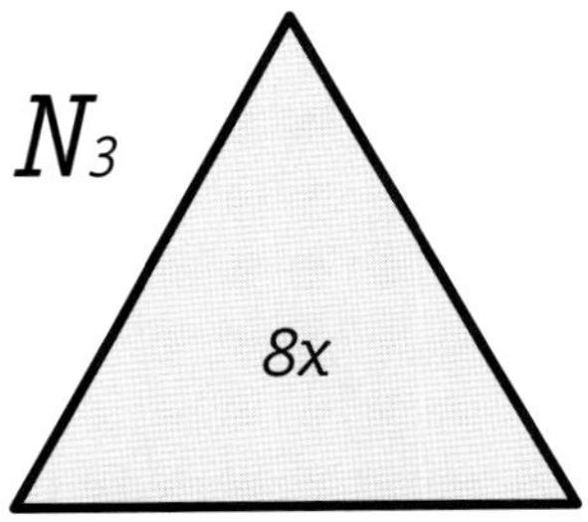

O_1

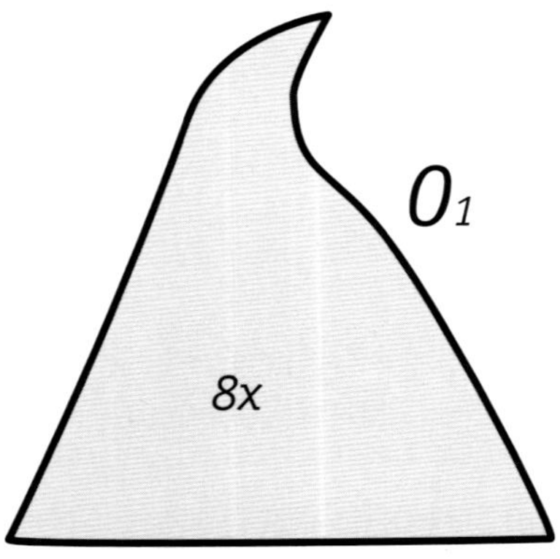

O_2

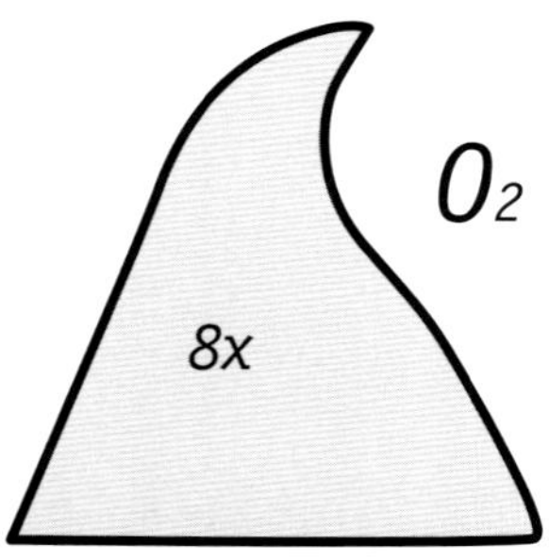

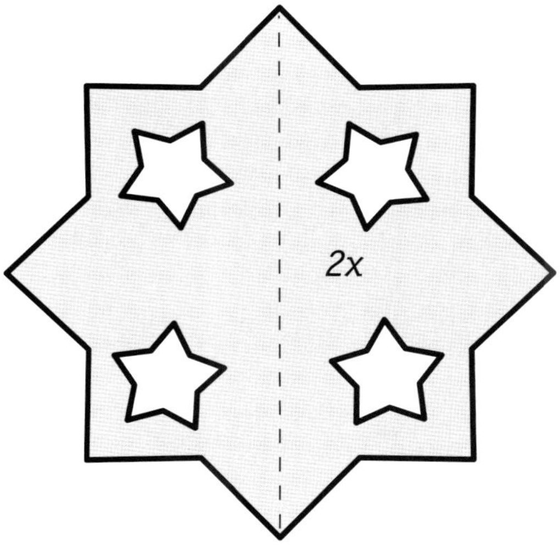

P_1

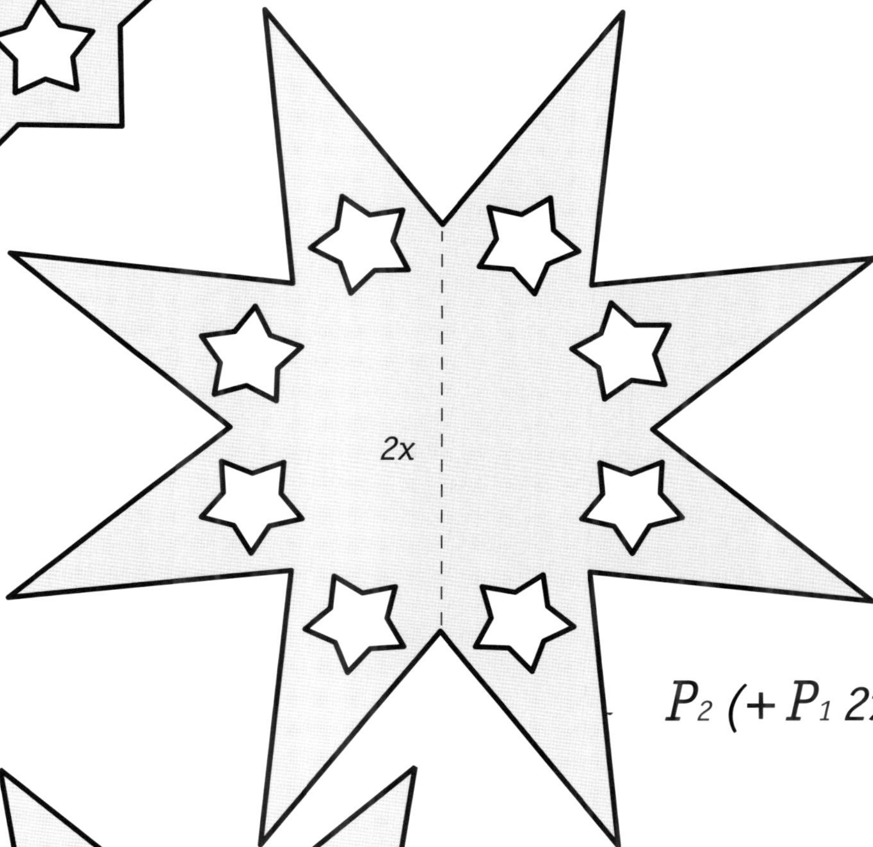

P_2 (+ P_1 2x)

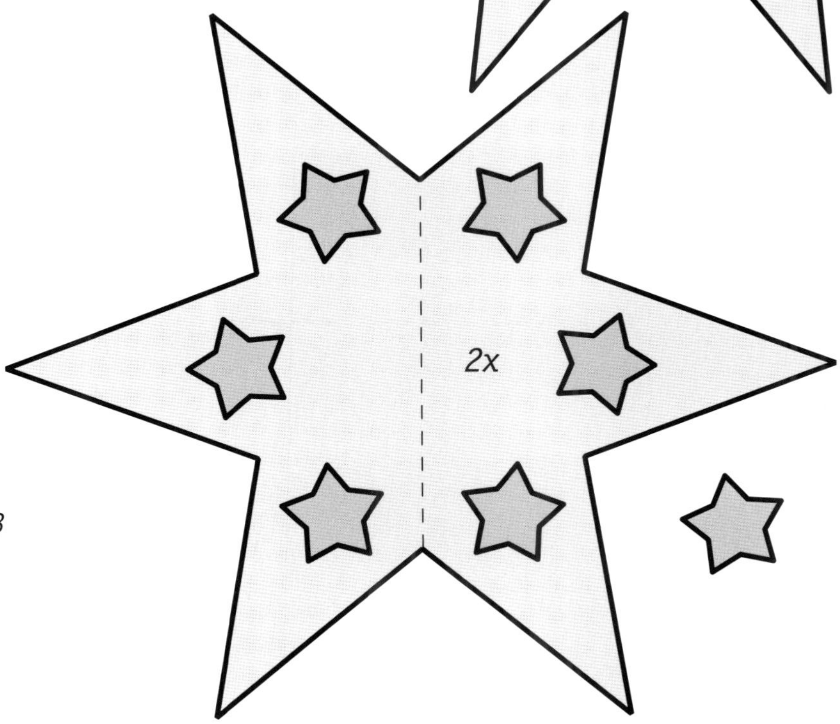

P_3

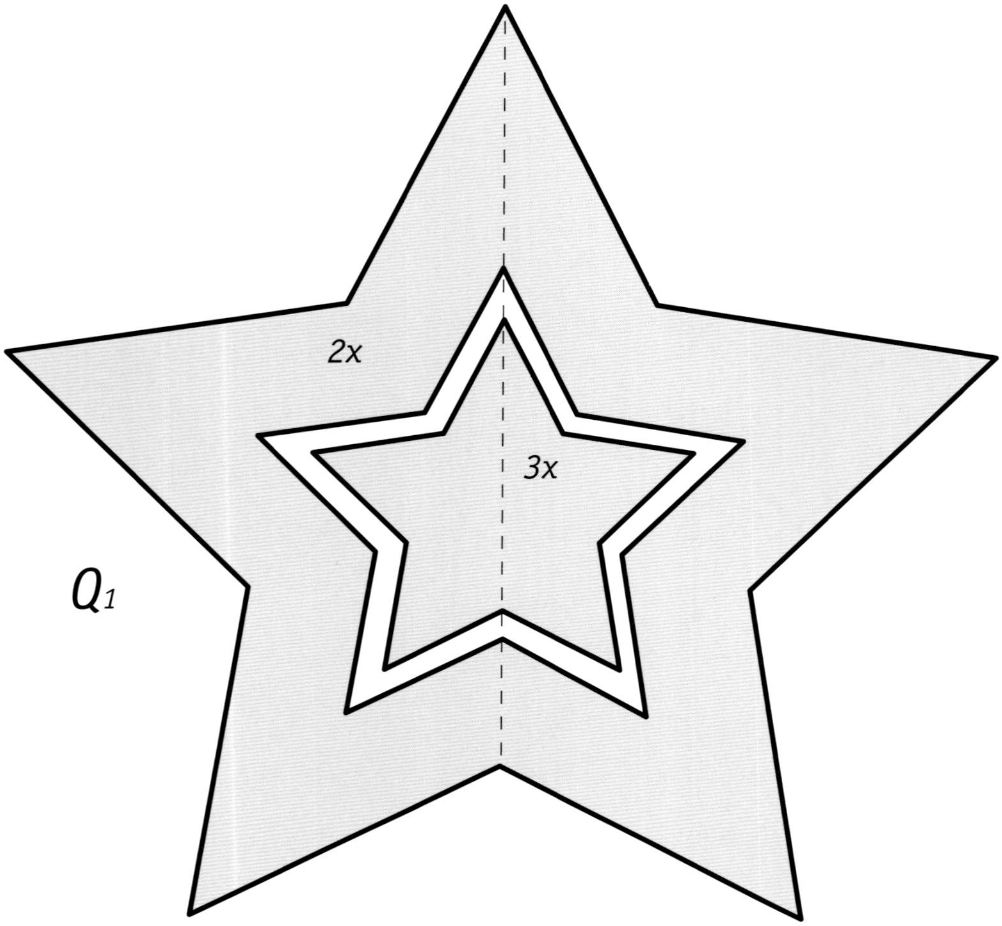

Q1

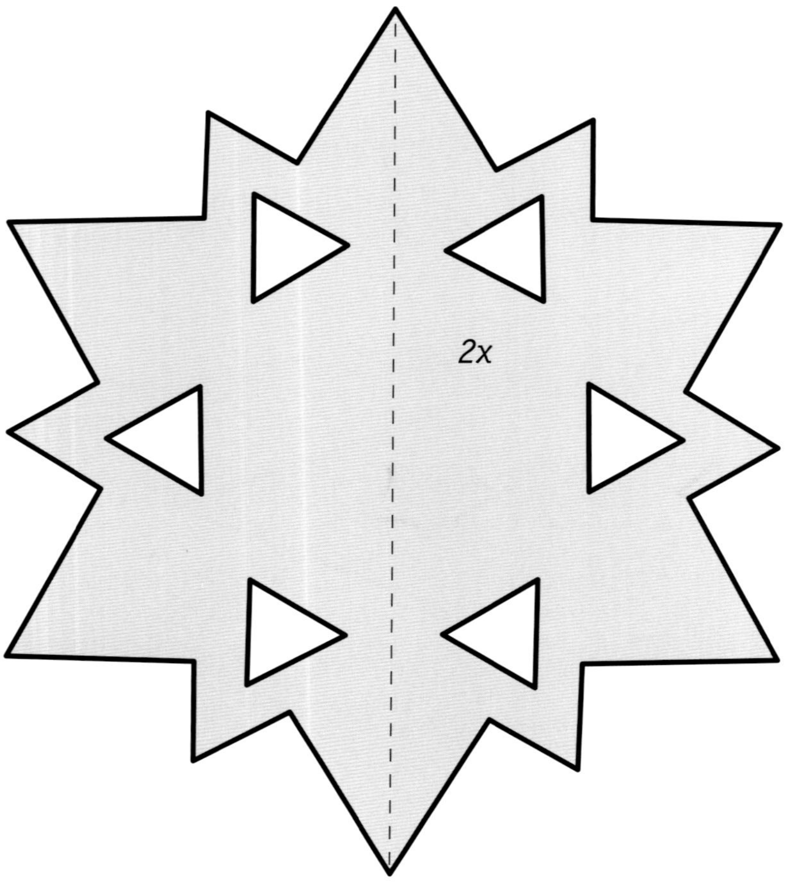

Q2

Q_3

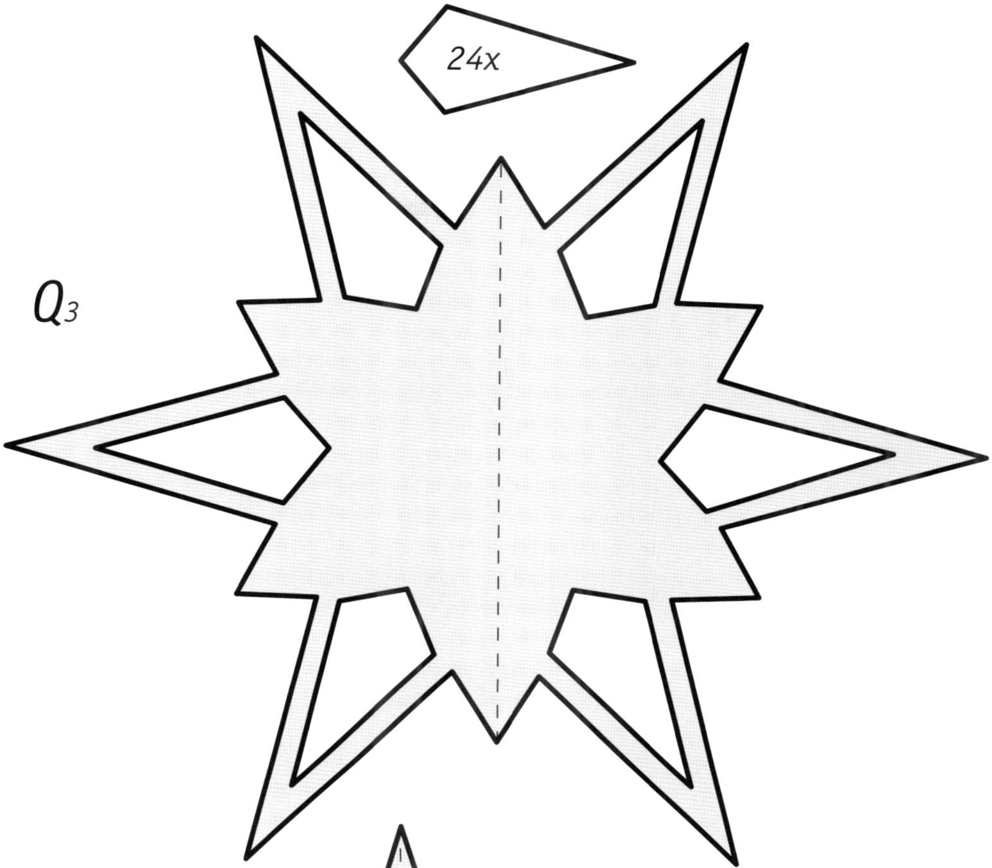

Q_4

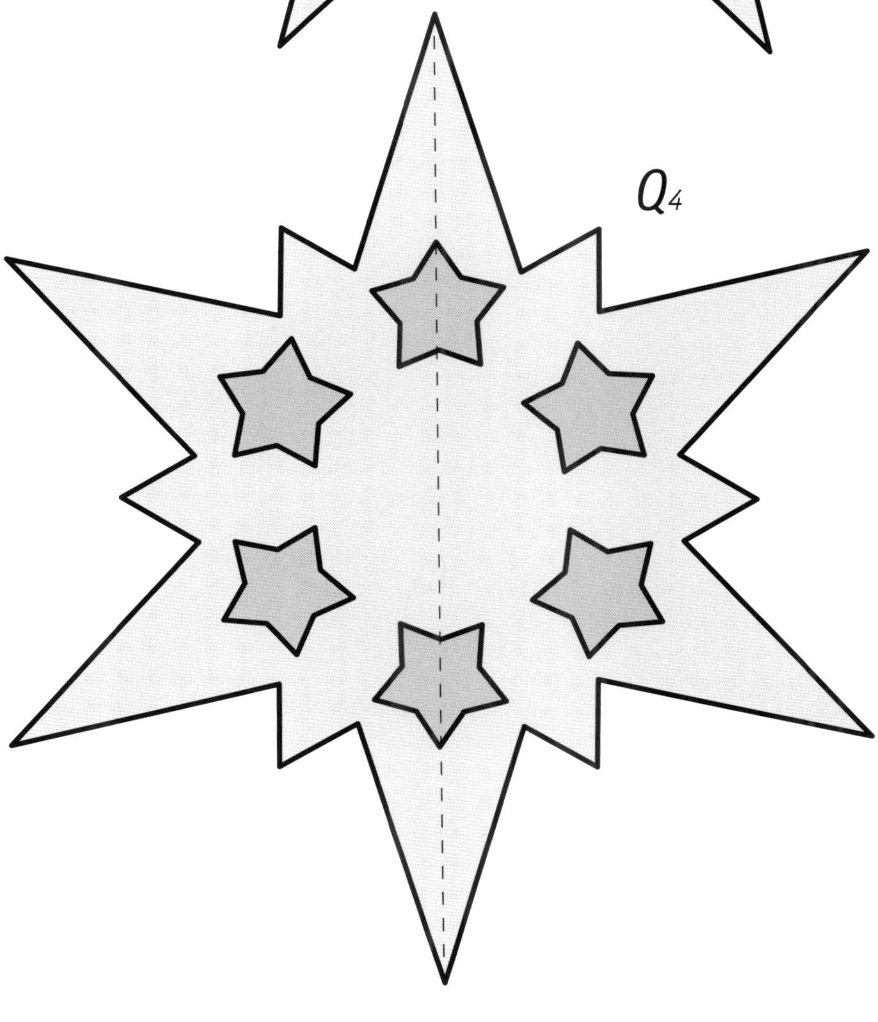

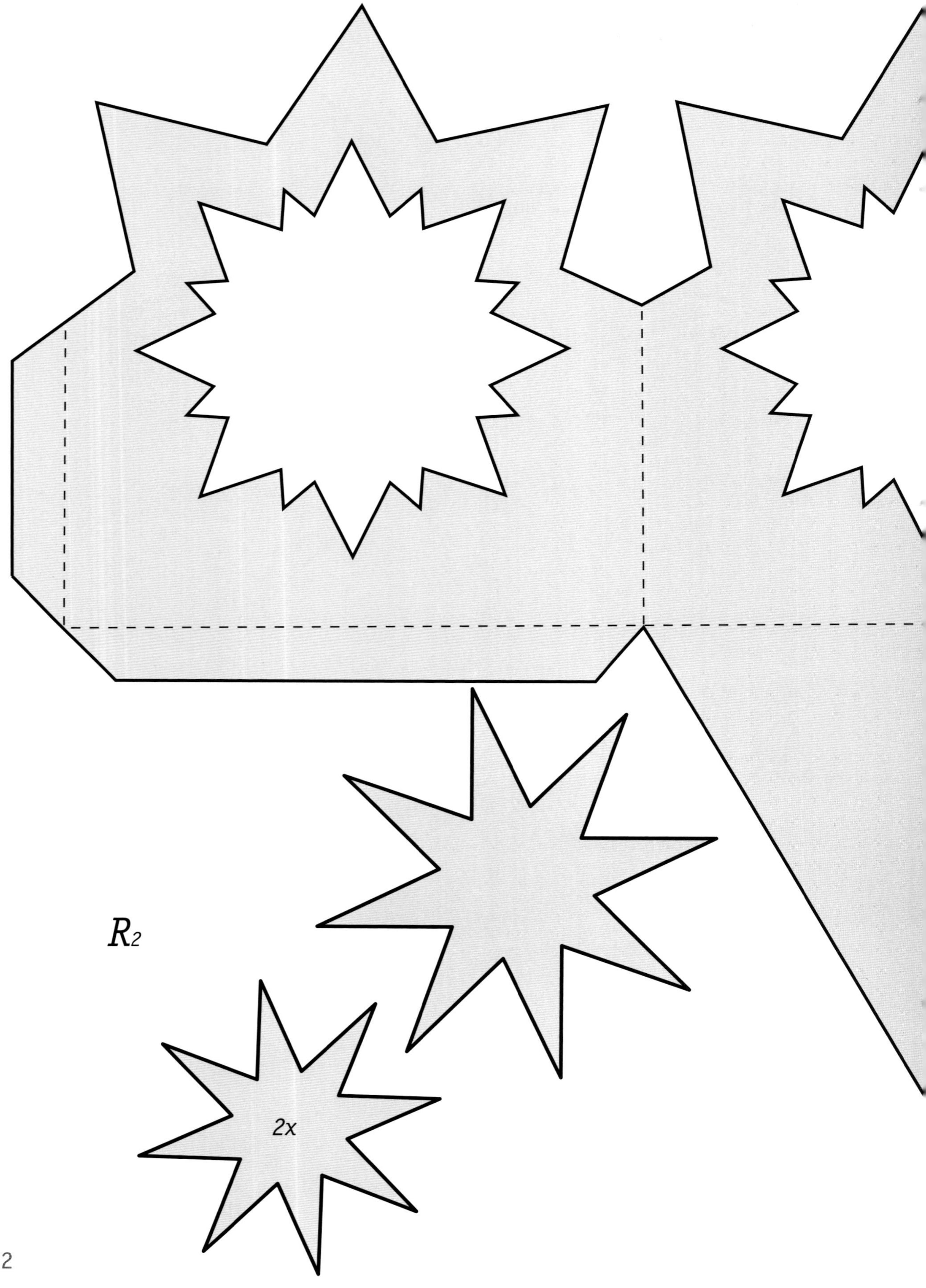
R2
2x

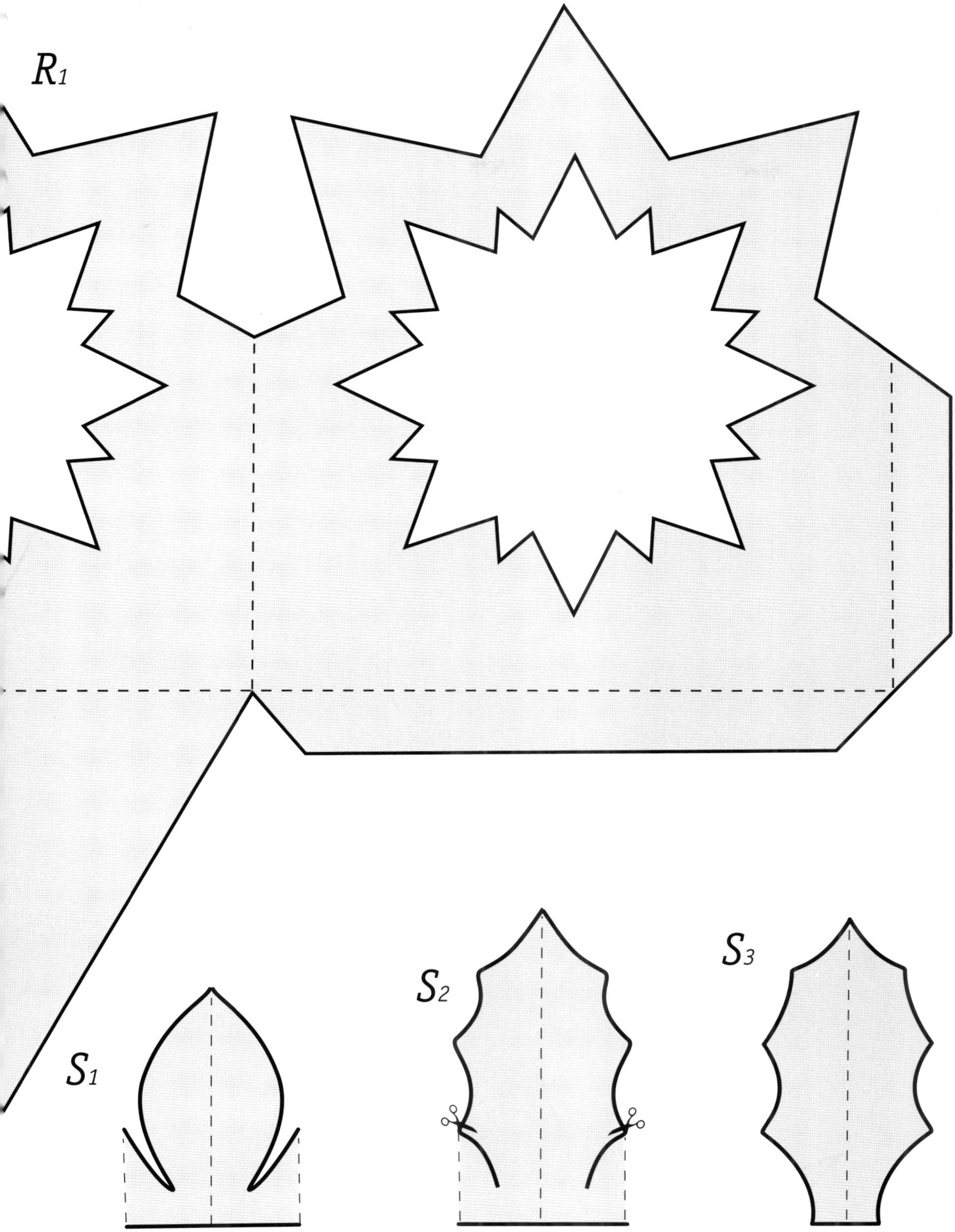

Stern: 8x in Gelb oder Rot
Teelicht-Kränzchen: 10x in Rot

Blätterkranz 8x in Grün

Teelicht-Kränzchen: 10x in Grün

Weitere Titel aus dieser *CHRISTOPHORUS*-Reihe

IMPRESSUM

ISBN 3-419-53249-0

Lektorat:
Elke Fox, Freiburg

Styling und Fotos:
Christoph Schmotz, Freiburg

Layoutentwurf:
Network!, München

Gesamtproduktion:
Carsten Schorn, Merzhausen

Druck:
Himmer, Augsburg

Wir sind für Sie da, wenn Sie Fragen haben. Und wir interessieren uns für Ihre eigenen Ideen und Anregungen. Schreiben Sie uns, wir hören gerne von Ihnen!
Ihr Christophorus-Team

Christophorus-Verlag GmbH
Hermann-Herder-Str. 4
79104 Freiburg
Tel. 0761/27 17 - 0
Fax 0761/27 17 - 352
oder e-mail:
info@christophorus-verlag.de
www.christophorus-verlag.de

3-419-53246-6

3-419-53247-4

3-419-53248-2

3-419-53250-4

CHRISTOPHORUS